Der Bücherbär
Mein Lese- und Schreibtrainer

Dieses Buch gehört

____

Liebe Eltern,

lesen und schreiben zu lernen, ist eine anspruchsvolle Aufgabe. Dazu gehört, dass man Buchstaben erlernt und einzelne Laute zu Wörtern, Sätzen und ganzen Geschichten kombinieren kann. Aber das ist längst nicht alles.

Lesen und Schreiben ist Verstehen. Kinder müssen also Wörter nicht nur erlesen, sondern auch ihren Sinn verstehen. Das klappt am besten, wenn sie sich für den Inhalt des Geschriebenen interessieren und sich selbst mit ihren Gefühlen und Erlebnissen einbringen können.

Lesen und Schreiben bedeutet auch Sprechen und Erzählen. Deswegen lernen Kinder, die viel Gelegenheit zum Sprechen haben, schneller lesen und schreiben.

In der Bücherbär-Reihe *Mein Lese- und Schreibtrainer* können sich die Kinder in für sie wichtige und fantasievolle Themen vertiefen. Die Aufgaben sind so gestellt, dass sie dem Lernvermögen der Kinder genau entsprechen. So gewinnen die Kinder Lese- und Schreibspaß von Anfang an – hoffentlich ein Leben lang.

Prof. Dr. Peter Conrady

Hochschullehrer an der Technischen Universität Dortmund
und Erfinder des Leselern-Stufenkonzepts

Barbara Sengelhoff

Klug kombiniert, Spürnase!

Arena

Hallo!

Mit diesem Buch
lernst du noch besser lesen.
Die kleinen Bilder auf jeder Seite
sagen dir, was du tun sollst:

 schreiben

 malen

 basteln

 genau hinsehen

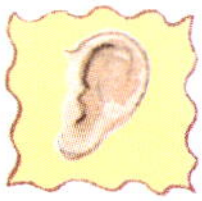 genau hinhören

 laut sprechen

 selber lesen

 vorlesen lassen

Manche Seiten haben unten einen Stern  .
Wenn du die Aufgabe mit Stern gelöst hast,
darfst du einen goldenen Stern
vorne in die Urkunde kleben.

Mein Steckbrief

Geschlecht ☐ weiblich ☐ männlich

Körpergröße: ______________ Alter: ______

Kleidung: ______________________________

Gesichtsform: ☐ schmal ☐ breit ☐ länglich
☐ kreisrund ☐ oval

Haare: ______________ Augen: __________

Nase: _______ Kinn: _______ Mund: _______

Besondere Kennzeichen: ________________

____

Wie siehst du aus?

Schreibe deinen Steckbrief.

Wer ist das?

Beschreibe die Unterschiede.

Wie könnten diese Figuren heißen?

Nr. 1

Nr. 2

Nr. 3

Viele Detektive

Vergleiche mit der linken Seite: Wer ist wer?
Trage die passenden Zahlen
bei den Figuren ein.

Lösungswort:

Das weiß ich über Detektive

Schreibe, klebe ein und zeichne.

Wie – was – warum?

Das will ich wissen:

Schreibe deine Fragen auf.

Viele Bücher

Diese Geschichten handeln von Detektiven.
Sie sind immer ein bisschen schneller
als die Polizei.
Und deshalb lösen sie
zusammen mit ihren Freunden Kriminalfälle.

Welche Detektive kennst du?

Das will ich werden

Kalle Blomquist ist von Beruf Detektiv.
Er hat immer eine Pfeife und eine Lupe dabei.

Was ist in deinem Traumberuf wichtig?
Zeichne dich in deinem Traumberuf.

Kalle Blomquist

Wird etwas gestohlen
an irgendeinem Ort,
dann muss man sich holen
unbedingt sofort:
Kalle Blomquist, den Meisterdetektiv,
Kalle Blomquist, den Meisterdetektiv.

Alle Leute sprechen
davon in jeder Stadt,
es gibt kein Verbrechen,
das aufgeklärt nicht hat:

Schreibe den Namen in die Linien.

Alle Diebe zittern
am Tage und bei Nacht,
sehn sich hinter Gittern,
und wer hat das vollbracht:

Darum lasst die Finger
von fremden Sachen weg,
schon wartet der Bezwinger
heimlich im Versteck:
Kalle Blomquist, der Meisterdetektiv,
Kalle Blomquist, der Meisterdetektiv.

Lies den Text so oft,
bis du ihn auswendig sagen kannst.

Ein Privatdetektiv

Privatdetektiv Kwiatkowski
geht wie alle Kinder zur Schule,
kaut fast pausenlos Kaugummi
und trinkt massenweise Milch.
Sein erster Fall ist eine harte Nuss.
Seine Kaugummis verschwinden.

Was verschwindet bei KWIATKOWSKI?
Kreuze an: ☐ Nüsse ☐ Kaugummi ☐ Milch

Eine Leseprobe

„Morgen lege ich mich auf die Lauer“,
sagte ich zu Olga,
die aus ihrem Kiosk heraussah.
„Was tust du, mein Kleiner?“
„Ich will rauskriegen,
wer die Kaugummis verschwinden lässt“,
sagte ich.
„Die Dinger werden gestohlen.
Eine andere Erklärung gibt es nicht.
Das sind Profis.
Die klauen dir die Unterhose,
ohne dass du was merkst.“

Was bedeutet: „Ich lege mich auf die Lauer“?

Neugierig? Auf Seite 78 siehst du, wie das Buch heißt.

Drei Detektive

1. Die SCHLANGE gehört dem Detektiv mit der roten Mütze.
2. Der Detektiv mit der KATZE steht neben dem Detektiv mit der blauen Mütze.
3. Der erste Detektiv hat eine blaue Mütze.
4. Der HUND gehört dem Detektiv mit dem gepunkteten Hemd.

Male die Mützen richtig an.
Verbinde jeden Detektiv
mit dem richtigen Tier:

Detektive haben Koffer

1. Im roten Koffer sind Flaschen.
2. Der Koffer rechts außen ist gelb.
3. Der Koffer mit den Flaschen liegt neben dem gelben Koffer.
4. Der blaue Koffer hat zwei Schlösser.
5. Der Koffer mit den Lupen hat ein Schloss.
6. Der rote Koffer hat so viele Schlösser wie der blaue Koffer.

Male die Koffer in der richtigen Farbe an.

Zeichne den Inhalt in die Koffer.

Detektivgeschichten

Der Titel des Buches:

Die Autorin:

Der Verlag:

Schreibe auf.

Eine Mordsgeschichte

Eigentlich wohnen in unserem Haus
nur ganz normale Leute.
Zumindest war das bisher so.
Aber vor einem Monat
ist oben in die Dachwohnung
ein neuer Mieter eingezogen . . .

Lies den Anfang der Geschichte.
Wovon könnte sie handeln?
Schreibe deine Ideen auf.

Eine Mordsgeschichte

Herr Miller ist ein neuer Mieter.
Er bewohnt die Dachwohnung.
Er hat nur einen kleinen,
verbeulten Koffer mitgebracht.

Emil wohnt im gleichen Haus
wie Herr Miller.
Er belauscht Herrn Miller.
Und staunt . . .

Matilda und Emil sind Nachbarn.
Matilda beobachtet Herrn Miller
am Briefkasten.
Sie ist entsetzt, was sie da hört …

Diese Personen spielen eine wichtige Rolle.
Verbinde jedes Bild mit der passenden Beschreibung.

Ein Verdacht

Schreibe auf, was Matilda denkt.

Auf dem Dachboden

„Von hier aus kann man ihn
ziemlich gut hören,“
flüsterte Emil,
als wir oben auf dem Dachboden
angekommen waren.
„. . . ich könnte ihn
aus dem Hinterhalt erschießen“,
sagte unser neuer Nachbar gerade.
„Oder ihn vergiften.“
„Mensch, Matilda,
das ist ja ein richtiger Killer“,
raunte Emil erschrocken.
„Was sollen wir bloß tun?“

Emil und Matilda sind auf dem Dachboden.
Lies genau.

Was tun?

In diesem Moment beendete Herr Miller
sein Telefongespräch.
Gleich darauf knarrte seine Wohnungstür.
„Er ist weggegangen“,
sagte ich halblaut.

Was sollen die Kinder tun?
Schreibe auf, was du tun würdest.

Ich würde

Eine offene Tür!

Hastig kletterten wir wieder hinunter.
„Da, er hat seine Tür nicht richtig hinter sich zugezogen“, rief ich und schob die Wohnungstür vorsichtig auf.
Zusammen schlichen wir uns in die Wohnung.
Sie war praktisch leer.
Nur eine dünne Schlafmatte lag auf dem Fußboden.
Daneben standen ein einsamer Kaktus und eine Flasche Mineralwasser.

Lies genau.
Was für Dinge sind in der Wohnung?
Unterstreiche.

So sieht es in der Wohnung aus

Zeichne die Wohnung.

Was entdeckst du noch?

☐ eine Pistole ☐ ein Paket ☐ ein Telefon

Oh Schreck!

„Hier liegt ein aufgeschlagenes Notizbuch“, informierte ich Emil leise.
In diesem Moment machte ich einen grausamen Fund.
Auf dem Fensterbrett lagen eine Pistole und daneben ein Buch mit dem Titel „Allgemeine Giftkunde“!
„Matilda, wir müssen die Polizei anrufen“, sagte Emil.
Da hörten wir plötzlich schwere Schritte, die langsam näher kamen.
Hastig sprangen wir auf
und flüchteten
in einen leeren Wandschrank.

Lies weiter.

Was stimmt?

☐ Die Kinder versteckten sich im anderen Zimmer.

☐ Die Kinder flüchteten hinter einen Wandschrank.

☐ Die Kinder flüchteten in einen leeren Wandschrank.

Lies genau. Welcher Satz stimmt?

Kreuze an und schreibe auf:

Angst

„So, das wäre erledigt“,
murmelte Herr Miller,
kaum dass er zur Tür hereingekommen war.
„War leichter, als ich dachte:
Habe ihn einfach in den Fluss gestoßen . . .“
Mir wurde ganz kalt vor Schreck,
während ich zusah,
wie unser Nachbar etwas
in sein Notizbuch kritzelte.
Was würde weiter passieren?
Wie sollten wir bloß
aus diesem Schrank
entkommen?

Lies genau.

Was ist das für ein Mann?

Der Mann ist ein Mörder, er hat einen Menschen ins Wasser geworfen.

Er hat einen Müllsack mit Gift ins Wasser geworfen.

Er wird die Kinder entdecken und sie in einen Sack stecken.

Was denkt Matilda?
Zeichne und schreibe.

Alles erledigt

Plötzlich klingelte das Telefon.
„Ja, ich habe die Sache erledigt –
und alles fix und fertig aufgeschrieben“,
sagte Miller zufrieden in den Hörer hinein,
und dann lachte er vergnügt.
Emil starrte mich mit weit aufgerissenen
Augen an.

Lies weiter auf Seite 32 und 34.

Was meinst du?

Warum ist Herr Miller so zufrieden?

Schreibe auf und male.

Die Lösung

„Okay, das war jetzt meine zehnte
Kriminalgeschichte“,
fuhr unser Nachbar da fort.
„Als Nächstes
schreibe ich mal etwas Lustiges.
Ein Kinderbuch vielleicht . . .“
Und dann griff er nach der Pistole
auf dem Fensterbrett und drückte ab.

Lies genau, schau dir das Bild an.
Was passiert? Schreibe.

Wie geht es weiter?

Überlege, was die Kinder denken und sagen.

Schreibe auf.

Kein Mörder!

„Oh Mann, eine Spielzeugpistole!“,
entfuhr es Emil.
Und dann kletterte er einfach so
aus dem Schrank.
„Sie sind also gar kein Mörder!“,
sagte Emil erleichtert
und atmete laut auf.
„Nein, ich bin ______________________“,
antwortete unser Nachbar.
„Aber ihr scheint ja auch
eine blühende Fantasie zu haben!
Wollt ihr mir vielleicht
bei meiner nächsten Geschichte helfen?

Was ist der Nachbar von Beruf?
Trage ein.

Ein Buch schreiben

Welches Buch würdest du schreiben?

Schreibe deine Ideen auf.

Ich habe eine Idee

Burg

Laden

Wald

Keller

Wer spielt in deiner Geschichte mit?

Wo passiert etwas?

Was geschieht?

Wie soll die Geschichte sein?

Plane deine Geschichte!

Schreibe auf, was dir darin wichtig ist.

Erzähle deine Geschichte, und schreibe sie auf.

Was fehlt?

Vergleiche beide Bilder.

Was ist hier anders?

Umkreise die neun Fehler.

Was braucht ein Detektiv?

Detektive sind Ermittler,
die Straftaten untersuchen
und auch Täter überführen.
Sie sammeln Spuren und Beweise.
Beweise nennt man auch „Indizien“.

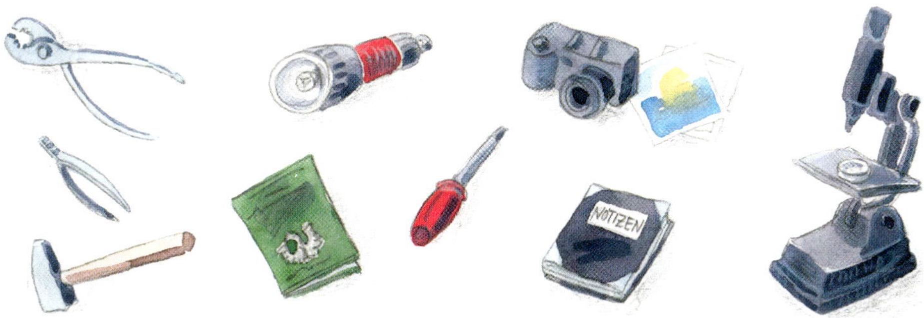

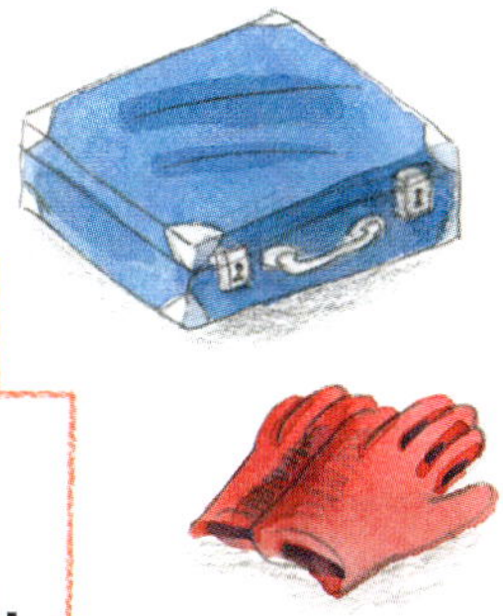

Mit dem Fernglas
beobachten Detektive genau.

Fotos geben wichtige Hinweise.

Mit der Lupe
können Haare untersucht werden.

Pulver und Pinsel
werden für den Fingerabdruck gebraucht.

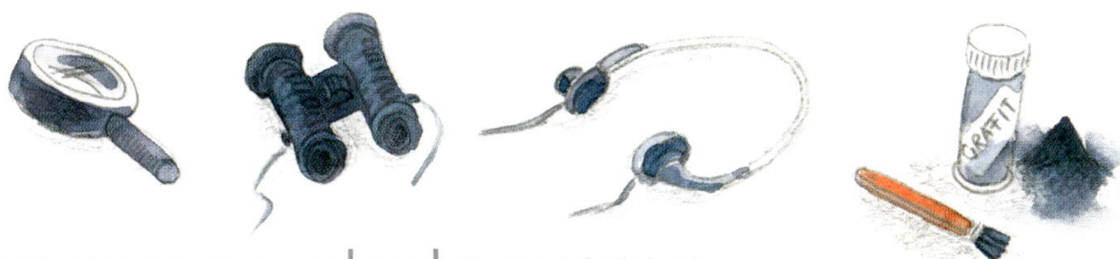

Lies genau, und schau genau.
Verbinde jeden Satz
mit dem passenden Gegenstand.

Raub im Schlossmuseum

Im Schlossmuseum
wurde der Königsschatz geraubt.
Sieh dir den Tatort genau an.

Am Tatort

Ein Detektiv muss den Tatort genau untersuchen.

Das Fenster steht geschlossen offen.
Fußspuren führen vom Tür Fenster zum Schaukasten.
Am Boden vor hinter dem Kasten liegen Glasscherben und ein Stein.
Im Schaukasten liegt fehlt die Krone.

Hier hat sich der Detektiv in jedem Satz verschrieben.
Streiche die falschen Wörter durch.

Spuren sichern

Zu wem gehören die Spuren?

Kreuze die passenden Schuhe an.

Fußspuren

Zeichne deinen Schuhabdruck.

Was ist es für ein Schuh?

Fingerabdrücke

Bogen

Wirbel

Schleife

Jeder Fingerabdruck ist anders.

Deshalb verrät ein Fingerabdruck den Täter.

So nimmst du einen Fingerabdruck

1. Die Hand eincremen.
2. Ein Glas anfassen.
3. Mit einem Pinsel vorsichtig Pulver auftragen (Kakao, Mehl oder Grafit).
4. Das Pulver wegpusten: Der Fingerabdruck ist sichtbar!

Mein Fingerabdruck

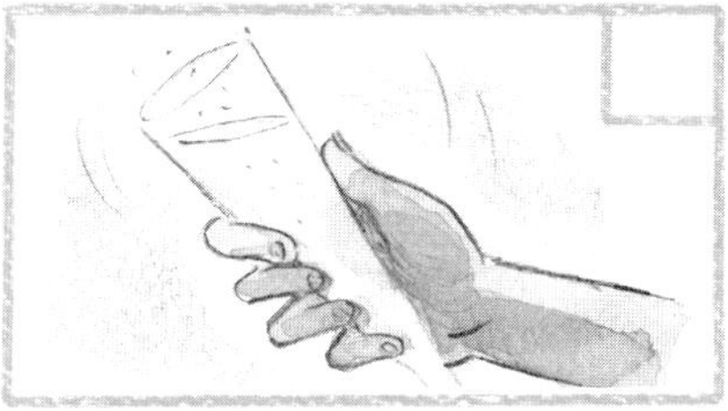

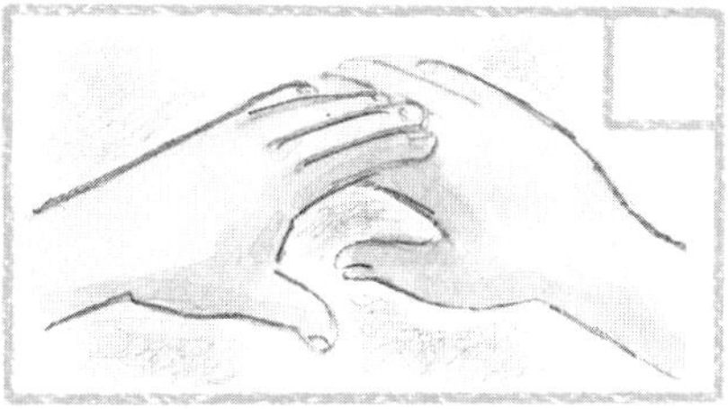

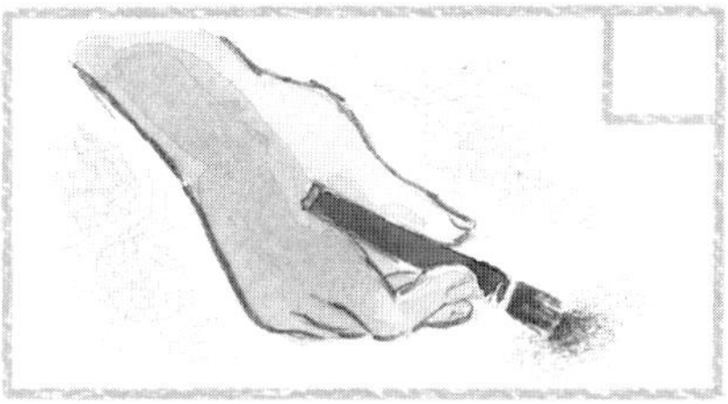

Nummeriere die Bilder richtig.

Nimm selbst einen Fingerabdruck.

Dem Täter auf der Spur

Vor dem Fenster entdeckt der Detektiv noch mehr Spuren:
Wieder die gleichen Fußabdrücke.
Und Spuren von Autoreifen.

Wie ist der Täter entkommen?

Das Auto des Täters

Mit welchem Auto ist der Täter geflohen?

Folge der richtigen Spur.

Was könnte der Täter von Beruf sein?

Verräterische Botschaft

Im Auto findet der Detektiv eine weitere Spur.

Entschlüssle die Nachricht, und schreibe auf.

Nachrichten verschlüsseln

Um eine Botschaft geheim zu halten,
kannst du sie verschlüsseln.

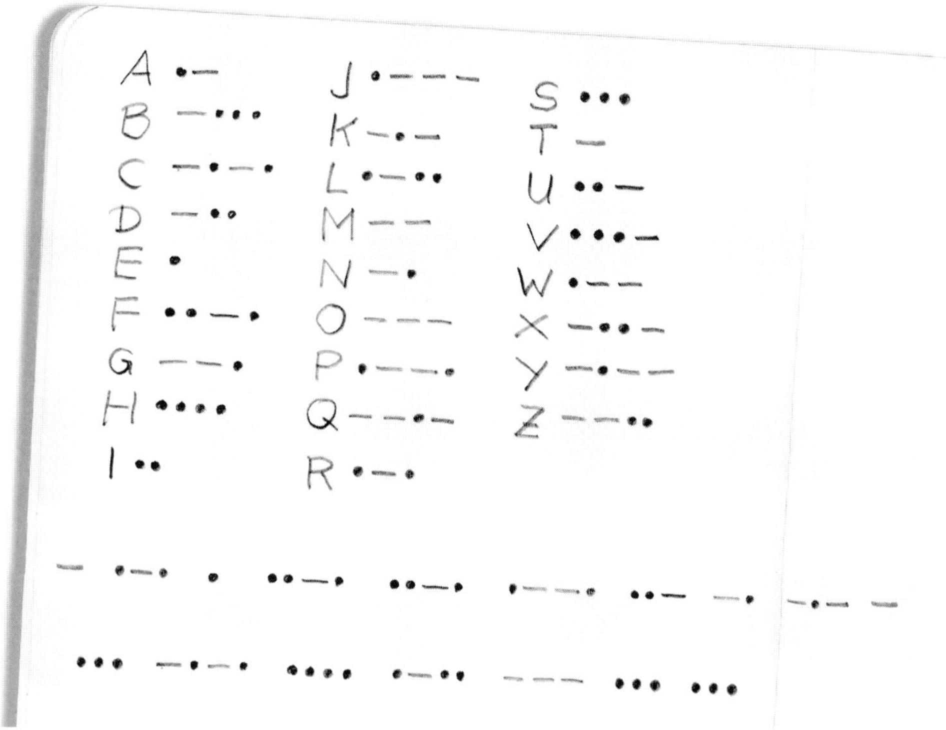

Schreibe auf, was die Zeichen bedeuten.

Geheime Botschaften

Mit unsichtbarer Zaubertinte kannst du geheime Botschaften verstecken.

- [ ] Die Schrift ist wieder da, wenn du das Papier bügelst.
- [ ] Presse eine Zitrone aus.
- [ ] Der Zitronensaft muss trocknen.
- [ ] Schreibe mit dem Zitronensaft auf weißes Papier.
- [ ] Dann verschwindet die Schrift.

Nummeriere in der richtigen Reihenfolge.

Rezept für Zaubertinte

Schreibe das Rezept richtig auf.

Probiere es aus.

Eine Zeugin wird befragt

Eine Zeugin hat den Täter gesehen.
Lies ihre Aussage genau.

Ein Phantombild

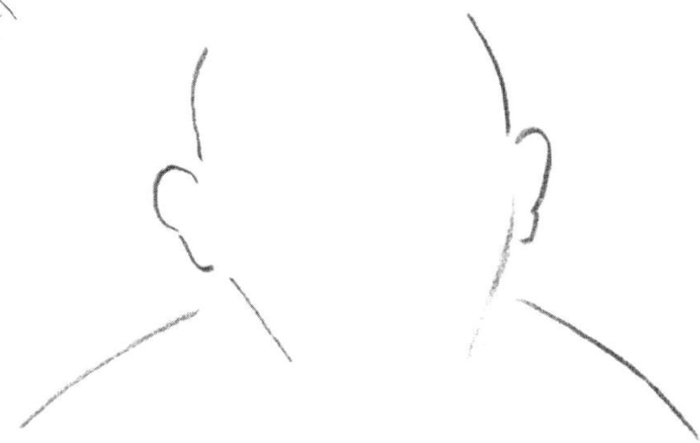

Zeichne den Täter so,
wie ihn die Frau beschreibt.

Dieb gesucht

Die Zeugin hat den Dieb genau beschrieben.
Sieh dir das Bild an: Präge dir alle Details ein.

Genau beschreiben

Kleidung	chic	alt	bunt	Arbeits-kleidung	sommerlich
Arme	kräftig	dürr	behaart	gebräunt	tätowiert
Beine	lang	kurz	dick	dünn	o-Beine / x-Beine

Decke das Bild links mit einem Blatt ab.
Beschreibe den Mann jetzt genau.
Die Wörter in der Tabelle helfen dir.

Die gestohlene Krone

Die Krone ist aus Gold.
Oben auf der Krone sitzt ein blaues Kreuz.
In der Mitte des Kreuzes
sitzt ein grüner Diamant.
Rundherum ist sie mit blauen und roten
Edelsteinen geschmückt.
Innen ist die Krone
mit rotem Stoff gepolstert.

Der Schlossbesitzer beschreibt,
wie die gestohlene Krone aussah.
Versuche, sie dir vorzustellen.

Das ist die Krone

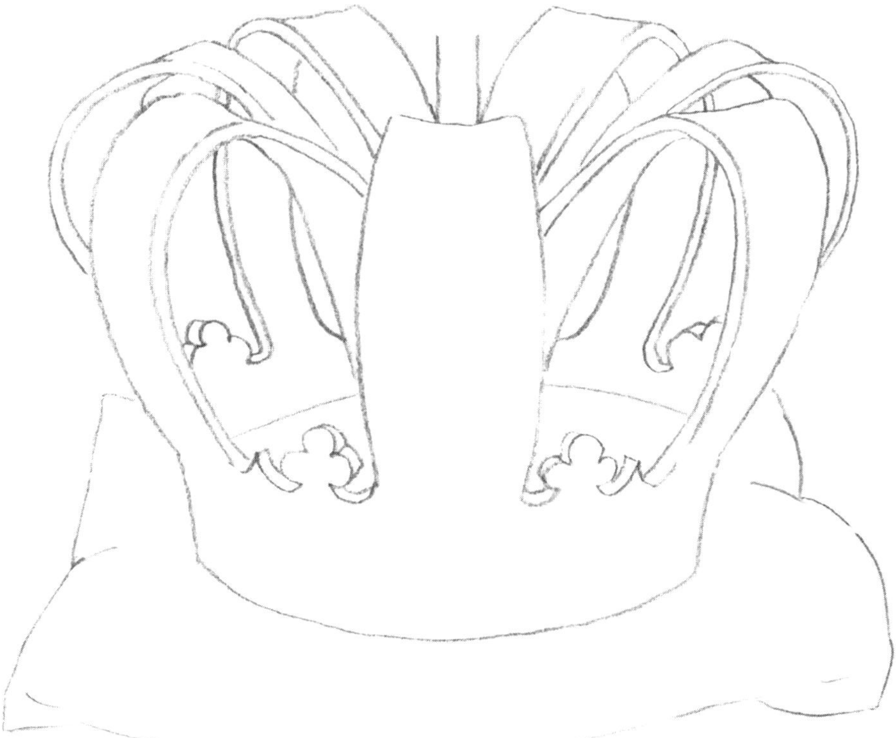

Ergänze die Krone,
so wie sie der Besitzer beschreibt.

Wo ist der Dieb?

- [ ] Der Dieb steht hinter einem Baum.
- [ ] Der Dieb sitzt im Auto.
- [ ] Der Dieb ist im Gebäude im 2. Stock.
- [ ] Der Dieb ist auf dem Dach.

Suche den Dieb.

Welcher Satz stimmt? Kreuze an.

Wo ist die Krone?

Der Dieb hat die Krone versteckt,
aber der Detektiv hat sie aufgespürt!

Die geraubte Krone liegt in einer Kiste.
Die Kiste steht in einem Schrank.
Der Schrank ist grün bemalt.
Die Kiste mit der Krone
liegt in der unteren Schublade.

Lies die Notizen.
Kreuze das passende Bild an.

So ist der Raub passiert

BER

NEN

RÄU

KRO

Nummeriere die Bilder
in der richtigen Reihenfolge.
Trage die Lösungsbuchstaben der Reihe nach
ein:

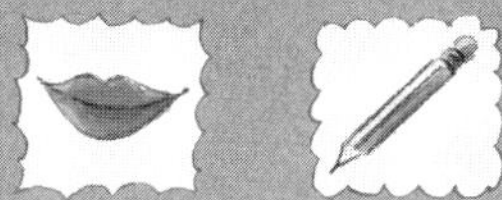

Gelegenheit macht Diebe

Schreibe auf, wie der Diebstahl passierte.

Dein Detektivklub

Detektivausweis

Name:

Alter:

Besondere Kennzeichen:

Unterschrift Datum Ort

Gründe mit deinen Freunden
einen Detektivklub.
Schreibe deinen Ausweis,
und male ein passendes Emblem.

So heißt unser Klub

Suche dir einen Namen aus,
oder erfinde selbst einen.
Schreibe ein Schild für euren Klub.

Das können wir

- Schmuck gestohlen?
  Dann: Die Detektive holen!
- Täter fehlt? Wir suchen ihn, für wenig Geld!
- Keine Zeit, um den Täter zu suchen?
  Dann: UNSERE Detektive buchen!

Schreibe den besten Spruch auf,
oder erfinde selbst einen.

So sehe ich aus

Male dich, schau genau hin!

Von A wie AGENT bis Z wie ZEUGE

O	L	U	L	A	G	E	N	T	I
Ä	S	T	U	M	I	K	I	V	E
R	U	Ä	P	D	E	R	A	G	C
D	E	T	E	K	T	I	V	B	O
I	Z	E	U	G	E	M	O	R	D
E	K	R	E	N	L	I	K	N	E
B	E	W	E	I	S	U	P	Ä	R

Suche zehn Detektivwörter im Wortgitter.
Umkreise sie.

Fachwörter

der Detektiv

die Kamera

die Spuren

der Tatort

Schreibe auf, was die Wörter bedeuten.

Tipps für Detektive

So werde ich ein guter eins Detektiv:

1. Ich behalte die verfolgte Person Katze immer im Auge.
2. Ich gehe nicht zu nah weit an die Person heran.
3. Ich lasse mir nicht anmerken, wenn ich jemanden keinen verfolge.

Lies genau: Es ist immer ein Wort falsch.
Streiche das falsche Wort durch.

Detektivrätsel

1. Jemand, der etwas gestohlen hat.
2. Damit kann man etwas genau betrachten.
3. Damit kann man jemanden bedrohen.
4. Jemand, der eine Tat beobachtet hat.
5. Sie macht auch Jagd auf Verbrecher.
6. Damit kann man aus der Ferne beobachten.

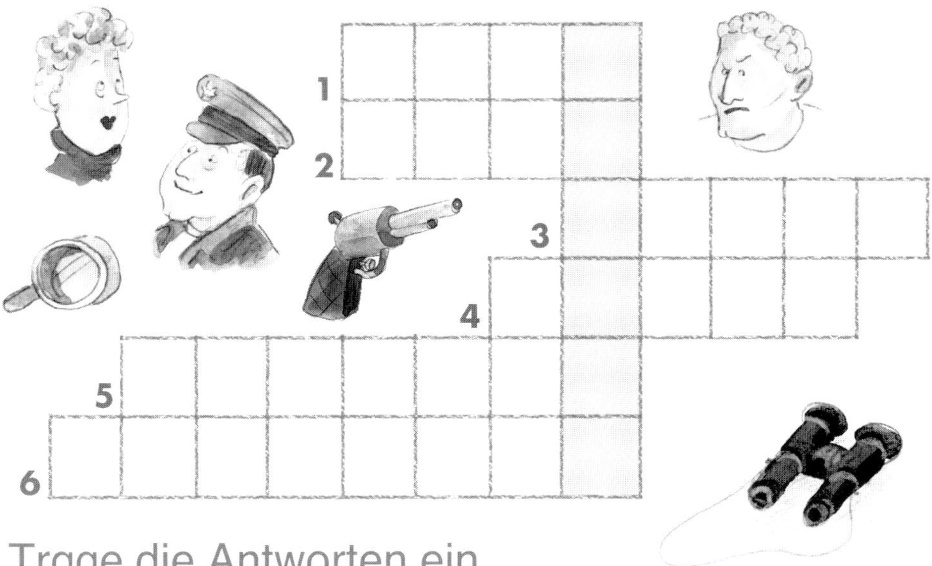

Trage die Antworten ein.

Das graue Feld ergibt ein Lösungswort.

Lösungen:

Seite 6:

Nr. 1 Sherlock Holmes

Nr. 2 Kwiatkowski

Nr. 3 Die drei Fragezeichen

Seite 7:

SPÜRNASE

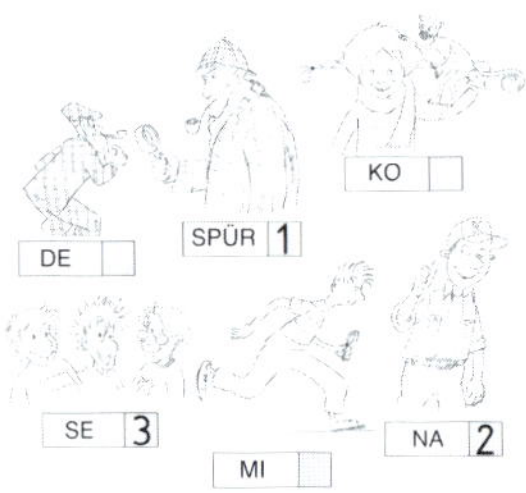

Seite 16/17:

Seite 18:

Der Titel des Buches: Detektivgeschichten

Die Autorin: Jana Frey

Der Verlag: Arena Verlag

Seite 20:

Seite 24:

dünne Schlafmatte,

einsamer Kaktus,

Flasche Mineralwasser

Seite 25:

eine Pistole

Seite 27:

Die Kinder flüchteten in einen leeren Wandschrank.

Seite 32:

Der Nachbar gießt mit einer Wasserpistole seinen Kaktus.

Seite 34:

„Nein, ich bin Schriftsteller."

Seite 38/39:

Seite 41:

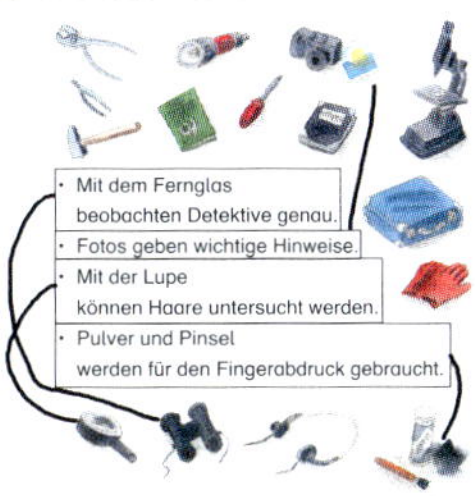

Seite 43:

Das Fenster steht ~~geschlossen~~ offen.
Fußspuren führen vom ~~Tür~~ Fenster zum Schaukasten.
Am Boden vor ~~hinter~~ dem Kasten liegen Glasscherben und ein Stein.
Im Schaukasten ~~liegt~~ fehlt die Krone.

Seite 44:

Seite 47:

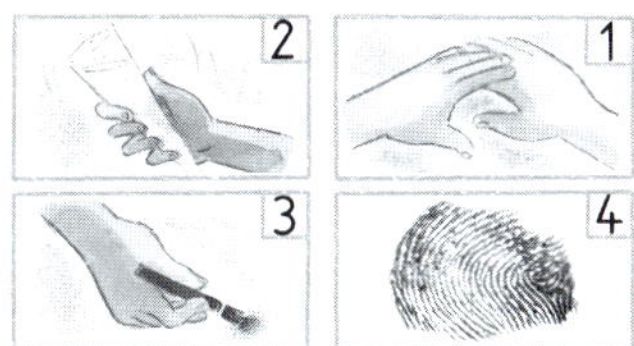

Seite 48:

Der Täter entkam mit einem Auto.

Seite 49:

Er könnte von Beruf **Bauarbeiter** sein.

Seite 50:

KRONE VON EBERHARD II.
ERDGESCHOSS
MITTLERES FENSTER
RITTERSAAL

Seite 51:

TREFFPUNKT SCHLOSS

Seite 52:

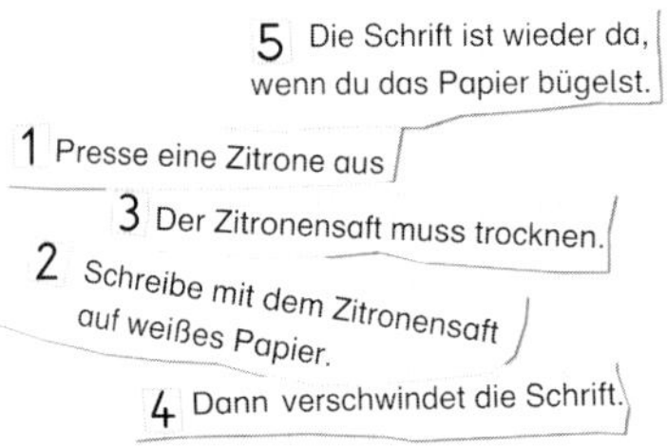

Seite 53:

Presse eine Zitrone aus. Schreibe mit dem Zitronensaft auf weißes Papier. Der Zitronensaft muss trocknen. Dann verschwindet die Schrift. Die Schrift ist wieder da, wenn du das Papier bügelst.

Seite 57:

Der Mann trägt sommerliche Arbeitskleidung. Seine Arme sind kräftig und behaart. Er hat kurze, dicke O-Beine.

Seite 59:

Seite 60:

Der Dieb ist im Gebäude im 2. Stock.

Seite 61:

Seite 62:

KRONENRÄUBER

Seite 63:

Bei Malerarbeiten am Schloss entdeckte ein Maler die Krone. Er stieg durch das offene Fenster ein, zerschlug mit einem Stein den Schaukasten der Krone und stahl sie. Er flüchtete mit dem Lastwagen seiner Baufirma.

Seite 68:

O	L	U	L	A	G	E	N	T	I
Ä	S	T	U	M	I	K	I	V	E
R	U	Ä	P	D	E	R	A	G	C
D	E	T	E	K	T	I	V	B	O
I	Z	E	U	G	E	M	O	R	D
E	K	R	E	N	L	I	K	N	E
B	E	W	E	I	S	U	P	Ä	R

Seite 69:

der Detektiv
Ein Detektiv untersucht eine Straftat und muss den Täter finden. Er sammelt Spuren und Beweise.

die Kamera
Mit der Kamera macht ein Detektiv Beweisfotos. Er fotografiert Spuren und den Tatort.

die Spuren
Die Spuren helfen dem Detektiv, den Täter zu finden. Spuren sind z. B. Haare, Fußspuren, Fingerabdrücke . . .

der Tatort
Der Tatort ist der Ort, an dem das Verbrechen geschehen ist.

Seite 70:

So werde ich ein guter ~~eins~~ Detektiv:

1. Ich behalte die verfolgte Person ~~Katze~~ immer im Auge.
2. Ich gehe nicht zu nah ~~weit~~ an die Person heran.
3. Ich lasse mir nicht anmerken, wenn ich jemanden ~~keinen~~ verfolge.

Seite 71:

Liebe Eltern,

hier sehen Sie, welche wichtigen Grundlagen für das Lesen und Schreiben Ihr Kind auf welcher Seite dieses Buches übt:

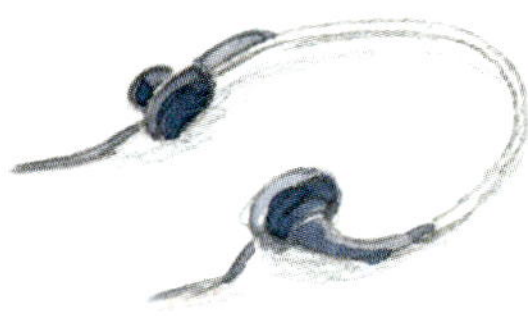

Text- und Bildquellen
Seite 12/13: Kalle Blomquist-Lied, Text Kurt Reiß, Musik: Erich Bender
© Verlag Friedrich Oetinger, Hamburg 2007
Seite 14: Illustration Kwiatkowski von Ralf Butschkow, aus: Jürgen Banscherus, Kwiatkowski. Die Kaugummiverschwörung, © Arena Verlag GmbH, Würzburg 1995
Seite 15: Textprobe aus: Jürgen Banscherus, Kwiatkowski. Die Kaugummiverschwörung, © Arena Verlag GmbH, Würzburg 1995
Seite 19, 22, 23, 24, 26, 28, 30, 32, 34: Jana Frey, Detektivgeschichten, © Arena Verlag GmbH, Würzburg 2004

In neuer Rechtschreibung

1. Auflage 2009

Text und Konzept: Barbara Senglhoff
Illustrationen: Astrid Henn
Gesamtherstellung: Westemann Druck Zwickau GmbH
ISBN 978-3-401-09506-6

www.arena-verlag.de

Jürgen Banscherus

Ein Fall für Kwiatkowski

978-3-401-06137-5

978-3-401-05863-4

978-3-401-04685-3

Weitere Titel in der Reihe »Ein Fall für Kwiatkowski«:

Die Kaugummiverschwörung • 978-3-401-04549-8

Das blaue Karussell • 978-3-401-04666-2

Krach im Zirkus Zampano • 978-3-401-05858-0

Die afrikanische Maske • 978-3-401-04595-5

Nachts sind alle Glatzen blau • 978-3-401-05899-3

Duell der Detektive • 978-3-401-05859-7

Hunde, Hüte und Halunken • 978-3-401-05137-6

Faule Tricks und nasse Füße • 978-3-401-05251-9

Falsches Spiel und schnelle Mäuse • 978-3-401-05552-7

Das Geheimnis der fliegenden Kühe • 978-3-401-05699-9

Das rosarote Schulgespenst • 978-3-401-05991-4

Der Stinker • 978-3-401-06069-9

Detektive küsst man nicht • 978-3-401-06136-8

Arena

Jeder Band:
Ab 8 Jahren. Gebunden.
Mit Illustrationen.
www.arena-verlag.de

Der Bücherbär
LeseProfi

Erstes Lesen leicht gelernt

978-3-401-09157-0

978-3-401-09429-8

Kiki, die Piratentochter

Ein Räuberkapitän und ein kleiner Hund

Kiki ist eine waschechte Piratentochter. Schlau, frech und gewitzt findet sie für alles eine Lösung. Aber als ihre Mannschaft plötzlich von einem feindlichen Piratenschiff angegriffen wird, ist guter Rat teuer. Unglaublich, wer da in letzter Minute zu Hilfe eilt.

Die Torjäger

Ein neuer Stürmer im Spiel

Ein Neuer kommt in die Klasse, und natürlich will er sofort in die Fußballmannschaft der 3a. Dabei wirkt er doch so eingebildet, und eigentlich will Nico ihn gar nicht dabeihaben. Aber dann fällt Slobo aus. Ausgerechnet jetzt, wo das große Endspiel um den Schulpokal ansteht. Sollen sie den Neuen mitspielen lassen? Und hat die Mannschaft überhaupt eine Chance zu gewinnen?

Arena

72 Seiten. Gebunden.
Mit Bücherbärfigur am Lesebändchen.
978-3-401-09157-0
www.arena-verlag.de

72 Seiten. Gebunden.
Mit Bücherbärfigur am Lesebändchen.
978-3-401-09429-8
www.arena-verlag.de